Impressum
Verlag: BABADADA GmbH, Nedderfeld 112 , 22529 Hamburg
Geschäftsführer / Verlagsleitung: Harald Hof
Druck: Books on Demand GmbH, In de Tarpen 42, 22848 Norderstedt

Imprint
Publisher: BABADADA GmbH, Nedderfeld 112 , 22529 Hamburg, Germany
Managing Director / Publishing direction: Harald Hof
Print: Books on Demand GmbH, In de Tarpen 42, 22848 Norderstedt, Germany

Szkoła

școală

Sala lekcyjna
sală de clasă

dzielić
a împărți

186/2

Tablica
tablă

Dziedziniec szkolny
curte a scolii

Nauczyciel
profesor

Papier
hârtie

pisać
a scrie

Pisak
instrument de scri:

Biurko
masă de birou

Liniał
riglă

Książka
carte

Uczeń
elev

Plecak szkolny

ghiozdan

Piórnik

penar

Ołówek

creion

Temperówka

ascuțitoare

Gumka do mazania

radieră

Blok rysunkowy

bloc de desen

Rysunek

desen

Pędzel

pensulă

Pudełko z akwarelami

cutie de acuarele

Nożyce

foarfece

Klej

lipici

Książka do ćwiczenia

caiet de exerciții

Zadanie domowe

temă

Liczba

număr

dodawać

a aduna

odejmować

a scădea

mnożyć

a multiplica

liczyć

a calcula

Litera

literă

Alfabet

alfabet

Słowo

cuvânt

Tekst

text

czytać

a citi

Kreda

cretă

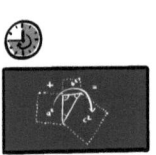

Godzina

oră

Dziennik lekcyjny

catalog

Egzamin

examen

Świadectwo

certificat

Mundurek szkolny

uniformă şcolară

Wykształcenie

educaţie

Leksykon

enciklopedie

Uniwersytet

universitate

Mikroskop

microscop

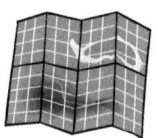

Mapa

hartă

Kosz na odpadki

coş de gunoi

Podróż
călătorie

Hotel
hotel
Grand
Schronisko
hostel
ROOMS
Kantor wymiany walut
casă de schimb valutar
EXCHANGE
Walizka
valiză
Auto
autovehicul

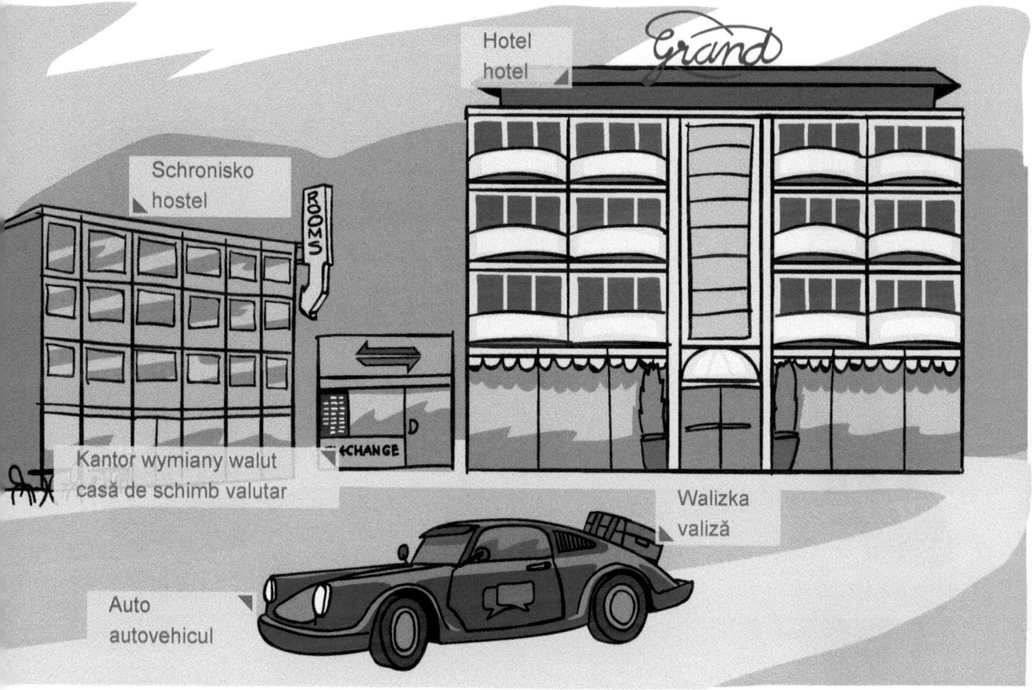

Język

limbă

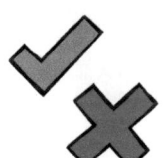

tak / nie

da/nu

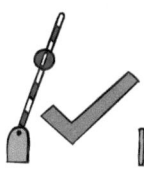

OK

okay

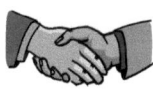

Halo

Bună!

Tłumacz

interpret

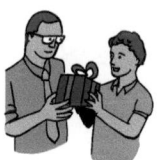

Dziękuję

mulțumesc

Ile kosztuje ...?

Cât costă...?

Nie rozumiem

Nu înțeleg

Problem

problemă

Dobry wieczór!

Bună seara!

Dzień dobry!

Bună dimineața!

Dobranoc!

Noapte bună!

Do widzenia

la revedere

Kierunek

direcție

Bagaż

bagaj

Torba

geantă

Plecak

rucsac

Gość

oaspete

Pokój

cameră

Śpiwór

sac de dormit

Namiot

cort

Informacja turystyczna

punct de informare turistică

Plaża

plajă

Karta kredytowa

carte de credit

Śniadanie

mic dejun

Obiad

masa de prânz

Kolacja

cină

Bilet

bilet de călătorie

Winda

lift

Znaczek na list

timbru poştal

Granica

graniţă

Cło

vamă

Ambasada

ambasadă

Wiza

viză

Paszport

paşaport

Transport

transport

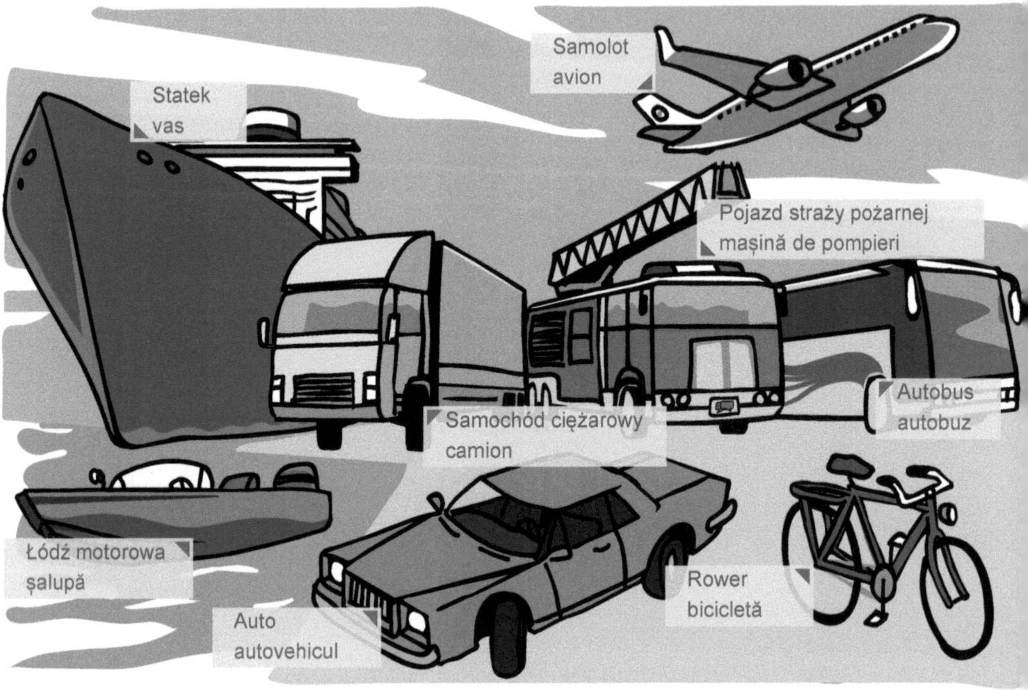
Samolot
avion
Statek
vas
Pojazd straży pożarnej
mașină de pompieri
Autobus
autobuz
Samochód ciężarowy
camion
Łódź motorowa
șalupă
Rower
bicicletă
Auto
autovehicul

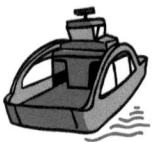

Prom

feribot

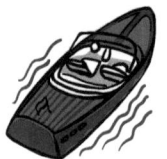

Łódź

barcă

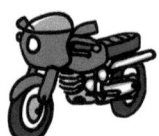

Motocykl

motocicletă

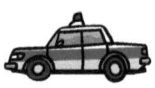

Radiowóz policyjny

mașină de poliție

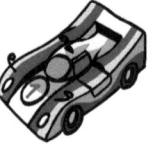

Samochód wyścigowy

mașină de curse

Samochód wypożyczony

mașină închiriată

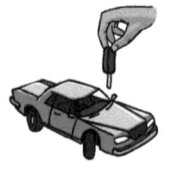

Wspólne przejazdy
samochodem
car sharing

Samochód pomocy
drogowej
mașină de tractat

Śmieciarka

mașină de gunoi

Silnik

motor

Benzyna

combustibil

Stacja benzynowa

benzinărie

Znak drogowy

semn de circulație

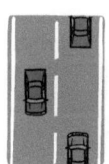

Ruch

trafic

Korek

ambuteiaj

Parking

parcare

Dworzec

gară

Szyny

șine

Pociąg

tren

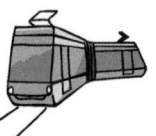

Tramwaj

tramvai

Wagon

vagon

Transport - transport

9

Helikopter

elicopter

Lotnisko

aeroport

Wieża

turn

Pasażer

pasager

Kontener

container

Karton

carton

Taczka

căruță

Kosz

coș

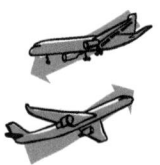

startować / lądować

a decola/a ateriza

Miasto

oraș

Wieś

sat

Centrum miasta

centru

Dom

casă

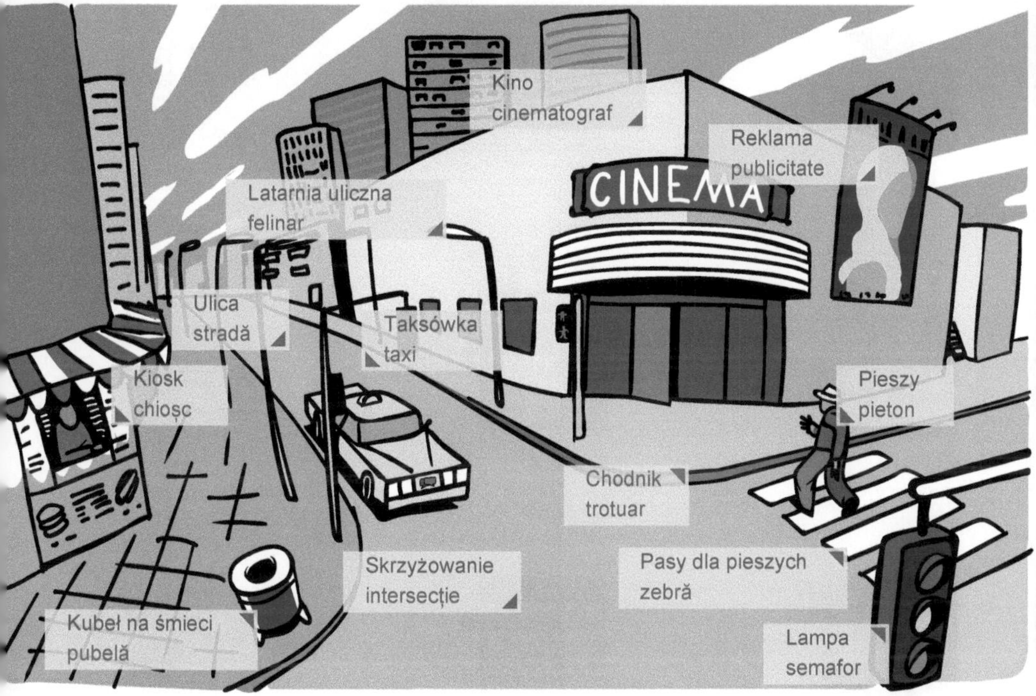

Kino
cinematograf

Reklama
publicitate

Latarnia uliczna
felinar

CINEMA

Ulica
strada

Taksówka
taxi

Pieszy
pieton

Kiosk
chiosc

Chodnik
trotuar

Skrzyżowanie
intersecție

Pasy dla pieszych
zebră

Kubeł na śmieci
pubelă

Lampa
semafor

Chata

cabană

Mieszkanie

apartament

Dworzec

gară

Ratusz

primărie

Muzeum

muzeu

Szkoła

şcoală

Uniwersytet

universitate

Bank

bancă

Szpital

spital

Hotel

hotel

Apteka

farmacie

Biuro

birou

Księgarnia

librărie

Sklep

magazin

Kwiaciarnia

florărie

Supermarket

supermarket

Rynek

piață

Dom towarowy

magazin universal

Sklep z rybami

comerciant de pește

Centrum handlowe

centru comercial

Port

port

Park
parc

Ławka
bancă

Most
pod

Schody
trepte

Metro
metrou

Tunel
tunel

Przystanek autobusowy
stație de autobuz

Bar
bar

Restauracja
restaurant

Skrzynka na listy
cutie poștală

Tabliczka z nazwą ulicy
tăbliță indicatoare cu
numele străzii

Parkometr
parcometru

Zoo
grădină zoologică

Łaźnia
piscină

Meczet
moschee

Gospodarstwo chłopskie

gospodărie ţărănească

Zanieczyszczenie środowiska
poluare

Cmentarz

cimitir

Kościół

biserică

Plac zabaw

loc de joacă

Świątynia

templu

Krajobraz

peisaj

Liść
frunză

Drogowskaz
indicator

Droga
drum

Łąka
pajişte

Kamień
piatră

Drzewo
copac

Wędrowiec
drumeţ

Rzeka
râu

Trawa
iarbă

Kwiat
floare

Dolina
vale

Góra
deal

Jezioro
lac

Las
pădure

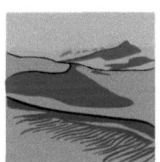

Pustynia
deșert

Wulkan
vulcan

Zamek
castel

Tęcza
curcubeu

Grzyb
ciupercă

Palma
palmier

Komar
țânțar

Mucha
muscă

Mrówka
furnică

Pszczoła
albină

Pająk
păianjen

Chrząszcz

gândac

Żaba

broască

Wiewiórka

veveriță

Jeż

arici

Zając

iepure

Sowa

bufniță

Ptak

pasăre

Łabędź

lebădă

Dzik

porc mistreț

Jeleń

cerb

Łoś

elan

Tama

dig

Wiatrak

turbină eoliană

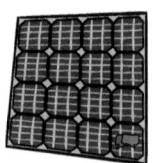

Moduł solarny

panou solar

Klimat

climă

Restauracja
restaurant

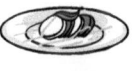

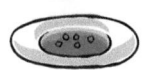

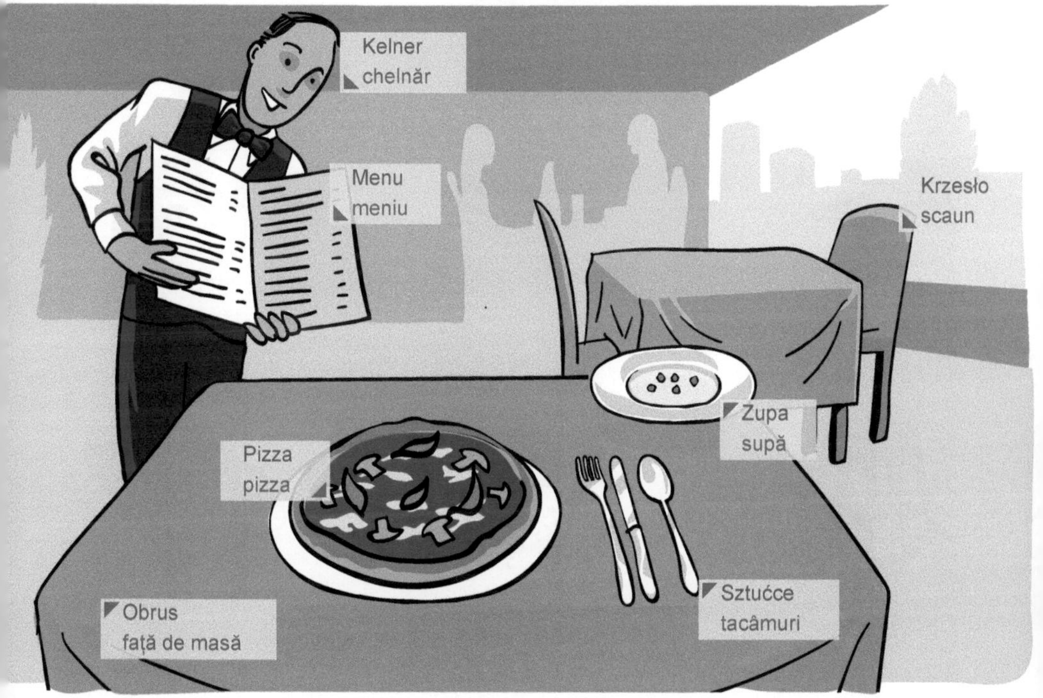
Kelner
chelnăr
Menu
meniu
Krzesło
scaun
Zupa
supă
Pizza
pizza
Sztućce
tacâmuri
Obrus
față de masă

Przystawka
antreu

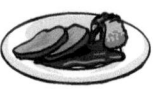

Danie główne
fel principal

Deser
desert

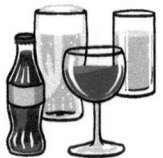

Napoje
băuturi

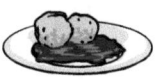

Jedzenie
mâncare

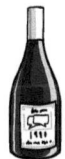

Butelka
sticlă

Fastfood

fastfood

Streetfood

streetfood

Dzbanek na herbatę

ceainic

Cukierniczka

zaharniţă

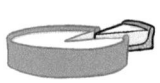

Porcja

porţie

Zaparzarka do espresso

espressor

Krzesło dla dziecka

scaun înalt (pentru copii)

Rachunek

factură

Taca

tavă

Noż

cuţit

Widelec

furculiţă

Łyżka

lingură

Łyżeczka

linguriţă

Serwetka

şerveţel

Szklanka

pahar

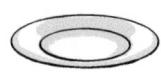

Talerz

farfurie

Talerz do zupy

farfurie de supă

Podstawek pod filiżankę

farfurie

Sos

sos

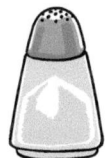

Solniczka

solniță

Młynek do pieprzu

râșniță de piper

Ocet

oțet

Olej

ulei

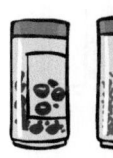

Przyprawy

condimente

Keczup

ketchup

Musztarda

muștar

Majonez

maioneză

Supermarket
supermarket

Oferta
ofertă
FOR
Klient
client
Produkty mleczne
produse lactate
Owoce
fructe
Wózek sklepowy
cărucior de cumpărături

BUTCHERS

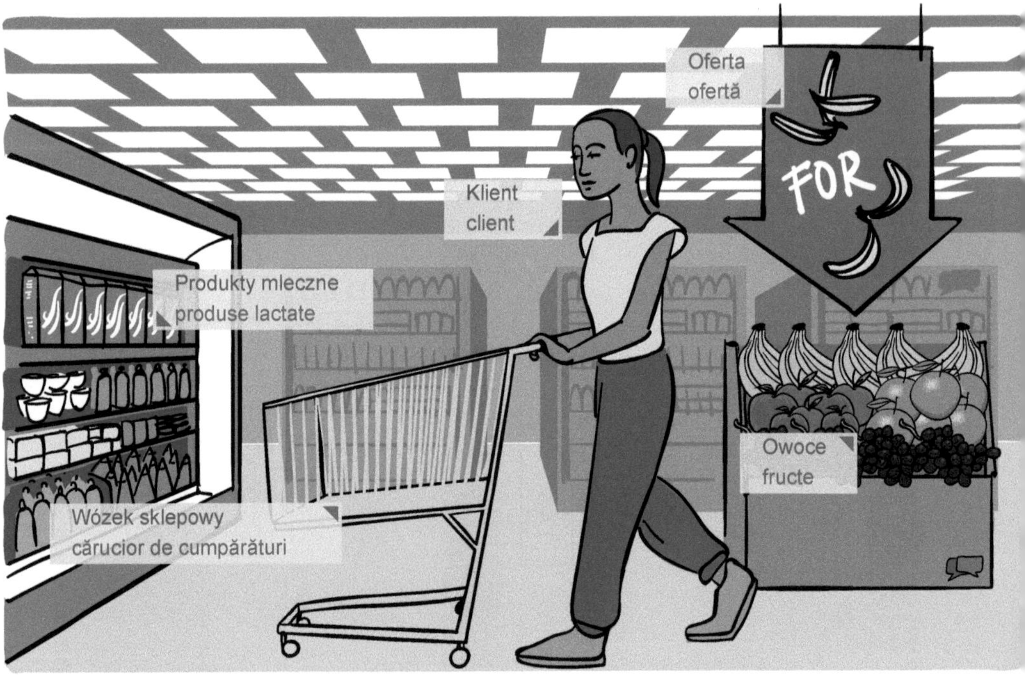

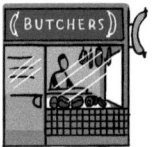

Rzeźnia

măcelărie

BAKERY

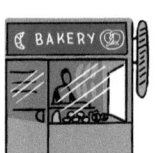

Piekarnia

brutărie

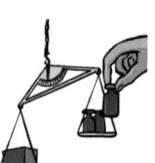

ważyć

a cântări

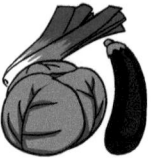

Warzywa

legume

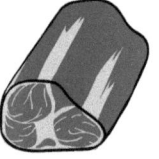

Mięso

carne

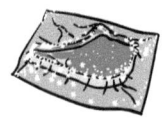

Mrożonki

alimente refrigerate

Wędliny

mezeluri şi brânzeturi feliate

Konserwy

conserve

Proszek m do prania

detergent

Słodycze

dulciuri

Artykuły użytku domowego

articole de menaj

Środek czyszczący

produse de curăţenie

Sprzedawczyni

vânzătoare

Kasa

casă

Kasjer

casier

Lista zakupów

listă de cumpărături

Godziny otwarcia

orar

Portfel

portmoneu

Karta kredytowa

carte de credit

Torba

geantă

Torebka plastikowa

pungă de plastic

Woda

apă

Sok

suc

Mleko

lapte

Cola

cola

Wino

vin

Piwo

bere

Alkohol

alcool

Kakao

cacao

Herbata

ceai

Kawa

cafea

Espresso

espresso

Cappuccino

cappucino

Banan

banane

Jabłko

măr

Pomarańcza

portocală

Arbuz

pepene

Cytryna

lămâie

Marchew

morcov

Czosnek

usturoi

Bambus

bambus

Cebula

ceapă

Grzyb

ciupercă

Orzechy

nuci

Makaron

paste făinoase

Spaghetti

spagheti

Ryż

orez

Sałatka

salată

Frytki

cartofi prăjiți

Ziemniaki pieczone

cartofi țărănești

Pizza

pizza

Hamburger

hamburger

Kanapka

sandwich

Sznycel

șnițel

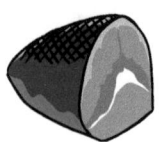

Szynka

șuncă

Salami

salam

Kiełbasa

cârnați

Kura

pui

Pieczeń

friptură

Ryba

pește

Płatki owsiane

fulgi de ovăz

Musli

musli

Płatki kukurydziane

cereale

Mąka

făină

Croissant

corn

Bułka

chifle

Chleb

pâine

Toast

pâine prăjită

Ciastka

biscuiţi

Masło

unt

Twarożek

brânză de vaci

Ciasto

prăjitură

Jajko

ou

Jajko sadzone

ouă ochiuri

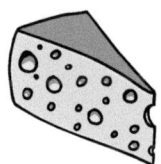

Ser

brânză

Lody

înghețată

Cukier

zahăr

Miód

miere

Marmolada

marmeladă

Krem nugatowy

cremă nuga

Curry

curry

Gospodarstwo chłopskie
gospodărie țărănească

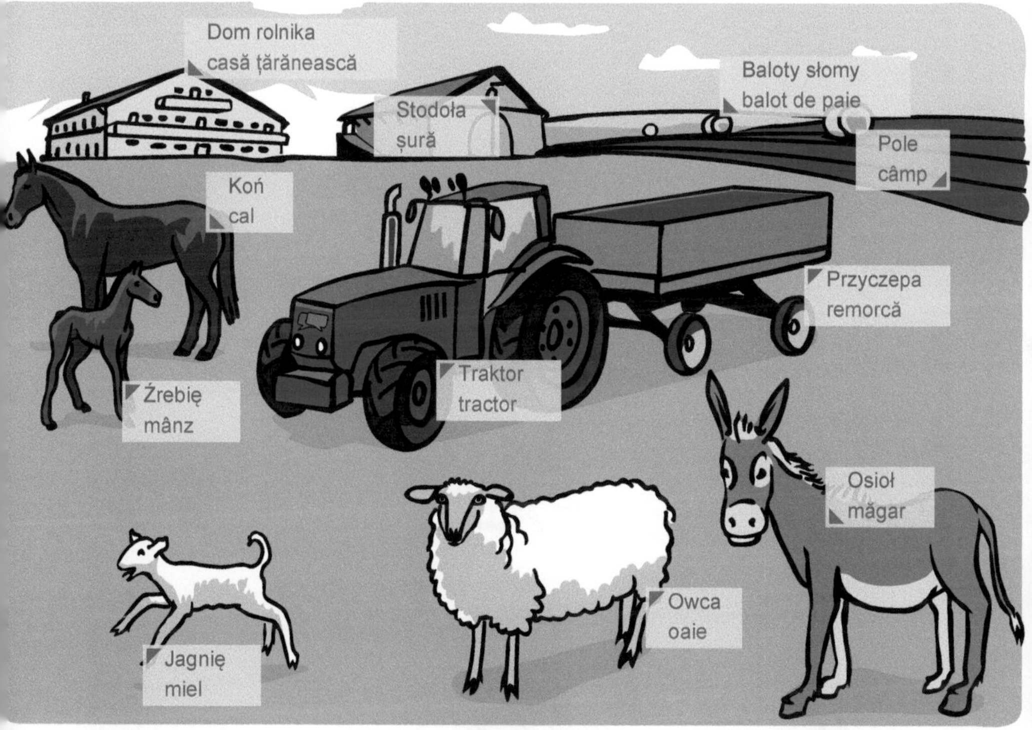

Dom rolnika
casă țărănească
Stodoła
șură
Baloty słomy
balot de paie
Pole
câmp
Koń
cal
Przyczepa
remorcă
Traktor
tractor
Źrebię
mânz
Osioł
măgar
Owca
oaie
Jagnię
miel

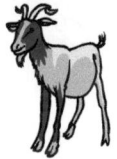

Koza
capră

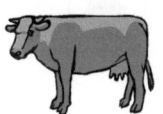

Krowa
vacă

Cielę
vițel

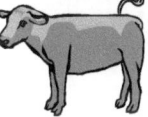

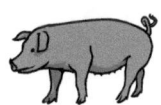

Świnia
porc

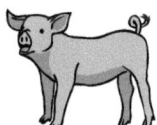

Prosię
purcel

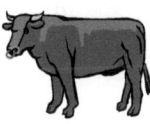

Byk
taur

Gęś

găină

Kaczka

rață

Kurczątko

pui

Kura

găină

Kogut

cocoș

Szczur

șobolan

Kot

pisică

Mysz

șoarece

Osioł

bou

Pies

câine

Buda dla psa

cușcă

Wąż ogrodowy

furtun de grădină

Konewka

stropitoare

Kosa

coasă

Pług

plug

Sierp

secerá

Graca

sapă

Widły

furcă

Siekiera

secure

Taczka

roabă

Koryto

troacă

Kanka na mleko

cană pentru lapte

Worek

sac

Płot

gard

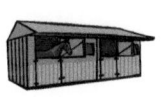

Stajnia

grajd

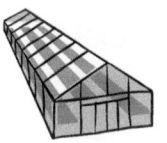

Szklarnia

seră

Ziemia

sol

Nasiona

sămânță

Nawóz

fertilizator

Kombajn zbożowy

combină de treierat

zbierać

a culege

Żniwa

recoltă

Podchrzyn

cartof yam

Pszenica

grâu

Soja

soia

Ziemniak

cartof

Kukurydza

porumb

Rzepak

rapiță

Drzewo owocowe

pom fructifer

Maniok

manioc

Zboże

cereale

Dom
casă

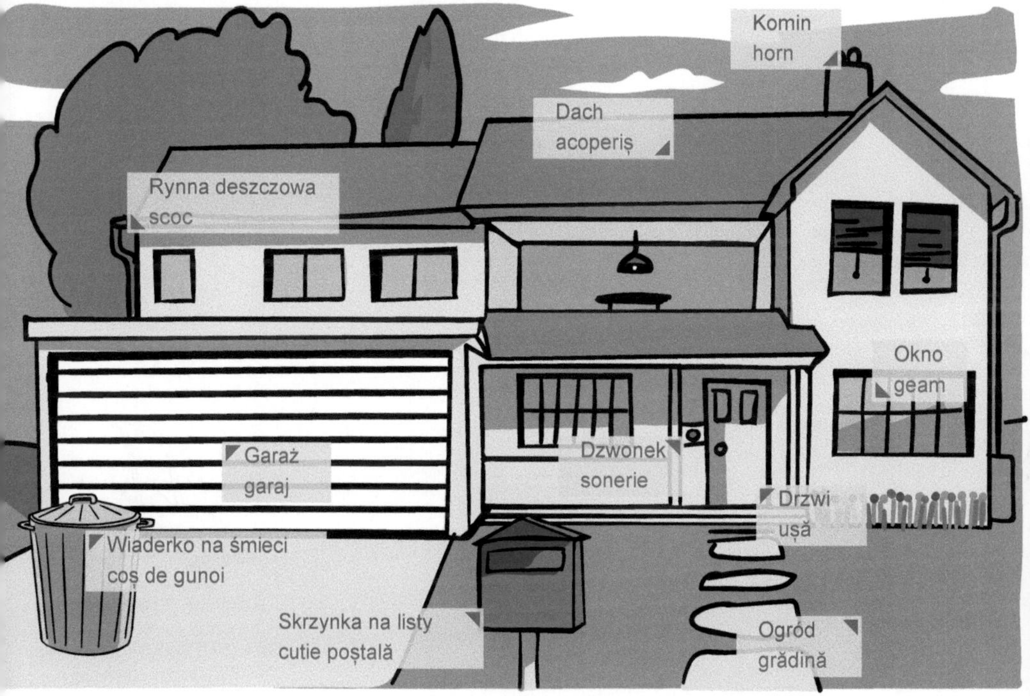

Komin
horn
Dach
acoperiș
Rynna deszczowa
scoc
Okno
geam
Garaż
garaj
Dzwonek
sonerie
Drzwi
ușă
Wiaderko na śmieci
coș de gunoi
Skrzynka na listy
cutie poștală
Ogród
grădină

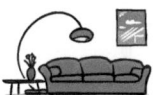

Pokój dzienny

camera de zi

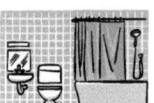

Łazienka

baie

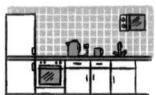

Kuchnia

bucătărie

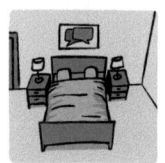

Sypialnia

dormitor

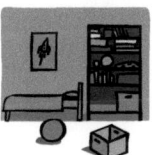

Pokój dziecięcy

camera copiilor

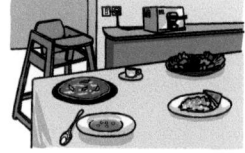

Jadalnia

sufragerie

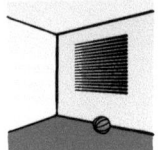

Ziemia

podea

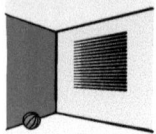

Ściana

perete

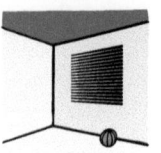

Koc

tavan

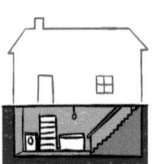

Piwnica

pivniță

Sauna

saună

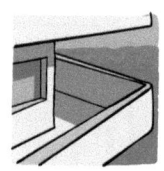

Balkon

balcon

Taras

terasă

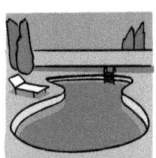

Basen

piscină

Kosiarka do trawy

mașină de tuns iarba

Poszwa

cearșaf

Kołdra

cuvertură

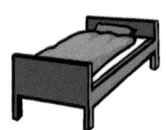

Łóżko

pat

Miotła

mătură

Wiadro

găleată

Włącznik

întrerupător

Pokój dzienny
cameră de zi

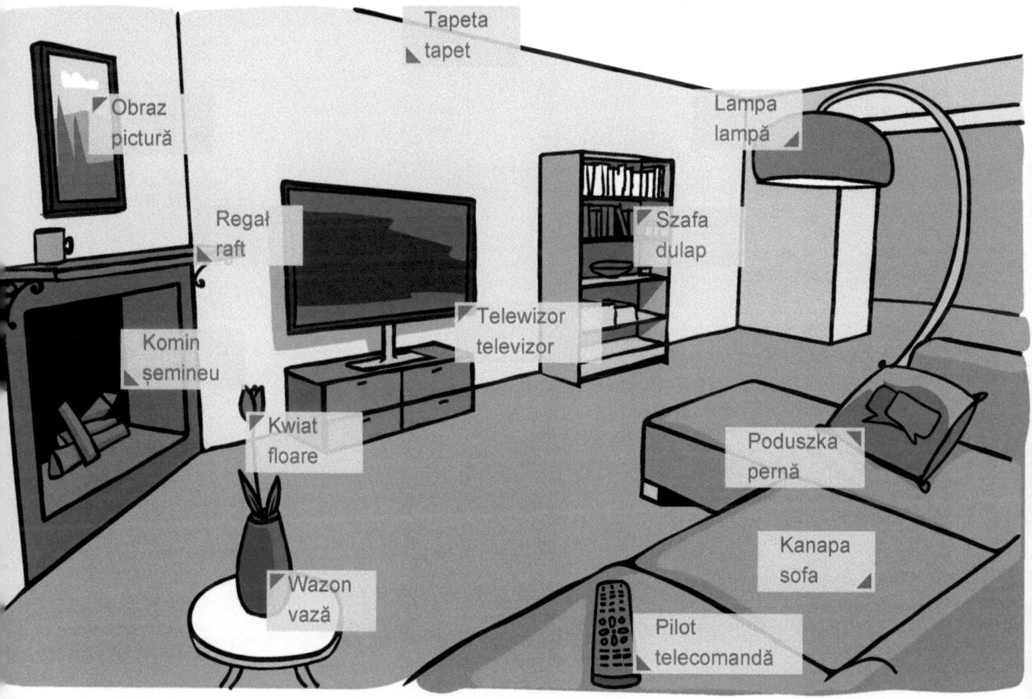
Tapeta
tapet
Obraz
pictură
Lampa
lampă
Regał
raft
Szafa
dulap
Telewizor
televizor
Komin
șemineu
Kwiat
floare
Poduszka
pernă
Kanapa
sofa
Wazon
vază
Pilot
telecomandă

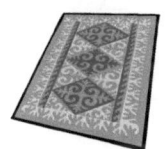

Dywan

covor

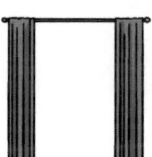

Zasłona

perdea

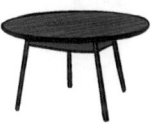

Stół

masă

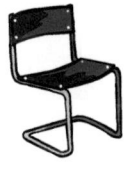

Krzesło

scaun

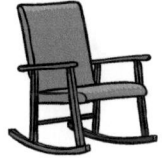

Bujak

balansoar

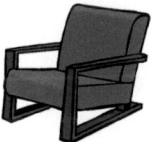

Fotel

fotoliu

Książka

carte

Sufit

pătură

Dekoracja

decoraţiune

Drewno kominkowe

lemn de foc

Film

film

Instalacja stereo

instalaţie stereo

Klucz

cheie

Gazeta

ziar

Malunek

desen

Plakat

poster

Radio

radio

Notatnik

caiet de notiţe

Odkurzacz

aspirator

Kaktus

cactus

Świeczka

lumânare

Kuchnia
bucătărie

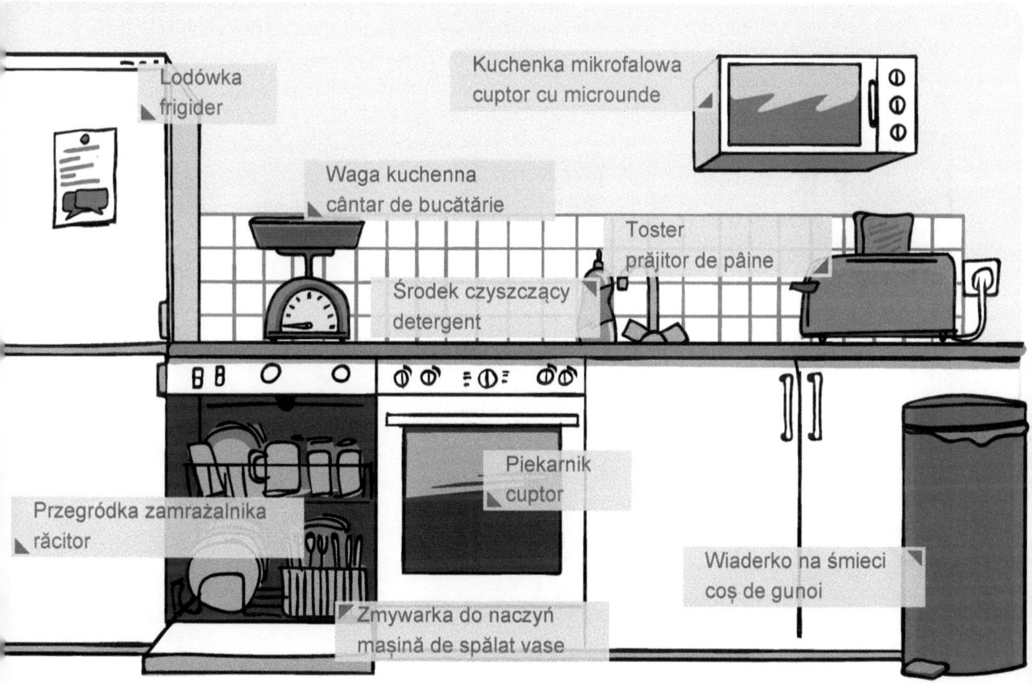
Lodówka
frigider
Kuchenka mikrofalowa
cuptor cu microunde
Waga kuchenna
cântar de bucătărie
Toster
prăjitor de pâine
Środek czyszczący
detergent
Piekarnik
cuptor
Przegródka zamrażalnika
răcitor
Wiaderko na śmieci
coș de gunoi
Zmywarka do naczyń
mașină de spălat vase

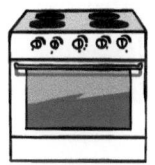

Kuchenka
cuptor

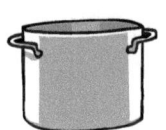

Garnek
oală

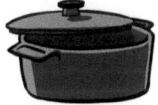

Kocioł żeliwny
oală de metal

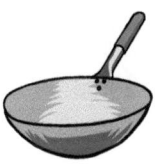

Wok / Kadai
wok/kadai

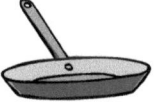

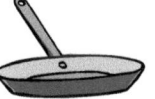

Patelnia
tigaie

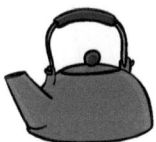

Czajnik
ceainic

Parowar

oală de gătit cu aburi

Blacha do pieczenia

tavă de copt

Naczynia kuchenne

veselă

Kubek

pahar

Miska

bol

Pałeczki

bețișoare

Nabierka

polonic

Łopatka do smażenia

spatulă

Trzepaczka do śmietany

tel

Cedzak

sită

Sitko

sită

Tarka

răzătoare

Moździerz

mojar

Grillowanie

grătar

Palenisko

loc pentru grătar

Kuchnia - bucătărie

Deska

tocător

Wałek do ciasta

sucitor

Korkociąg

tirbușon

Puszka

conservă

Otwieracz do puszek

deschizător de conserve

Ściereczka do trzymania garnka

șervete termice

Umywalka

chiuvetă

Szczotka

perie

Gąbka

burete

Mikser

mixer

Zamrażarka

ladă frigorifică

Butelka dla niemowlęcia

biberon

Kran

robinet

Łazienka
baie

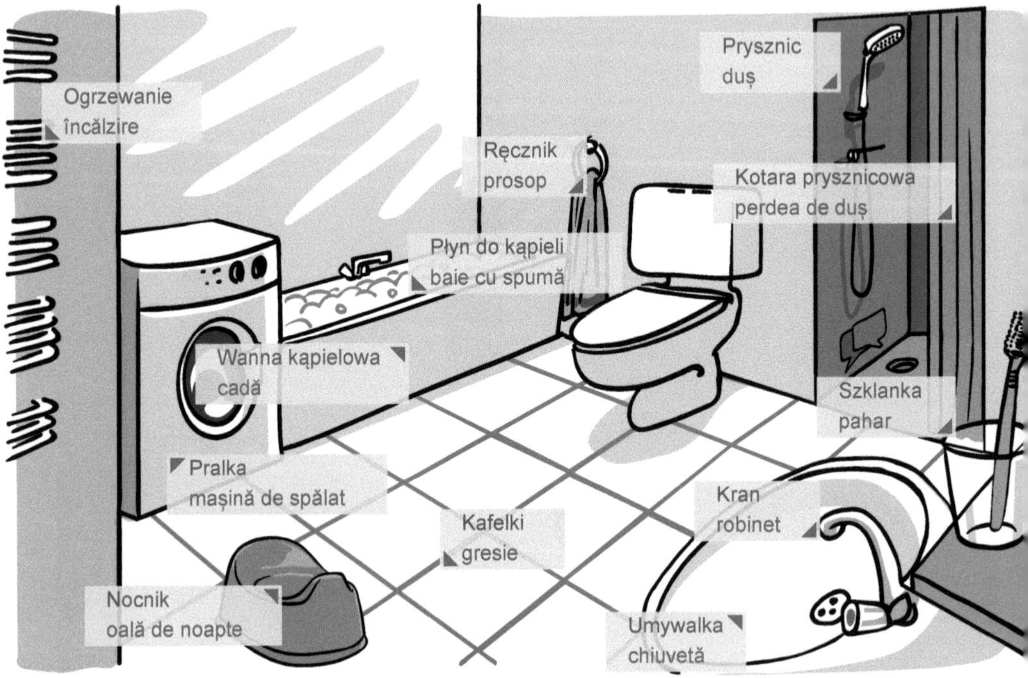

Ogrzewanie
încălzire

Prysznic
duş

Ręcznik
prosop

Kotara prysznicowa
perdea de duş

Płyn do kąpieli
baie cu spumă

Wanna kąpielowa
cadă

Szklanka
pahar

Pralka
maşină de spălat

Kafelki
gresie

Kran
robinet

Nocnik
oală de noapte

Umywalka
chiuvetă

Toaleta

toaletă

Toaleta kuczna

toaletă turcescă

Bidet

bideu

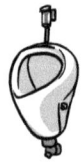

Pisuar

pisoir

Papier toaletowy

hârtie igienică

Szczotka toaletowa

perie de toaletă

Szczoteczka do zębów

periuță de dinți

Pasta do zębów

pastă de dinți

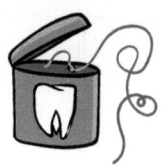

Nitki do czyszczenia zębów

ață dentară

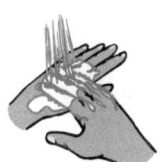

myć

a spăla

Głowica prysznicowa

cap de duș

Płyn kąpielowy do higieny intymnej

duș intim

Miska do mycia

lavoar

Szczotka kąpielowa

perie pentru spate

Mydło

săpun

Żel prysznicowy

gel de duș

Szampon

șampon

Rękawica kąpielowa

cârpă de spălat

Odpływ

scurgere

Krem

cremă

Dezodorant

deodorant

Lustro

oglindă

Lustro kosmetyczne

oglindă cosmetică

Golarka

aparat de ras

Pianka do golenia

spumă de ras

Woda po goleniu

aftershave

Grzebień

pieptene

Szczotka

perie

Suszarka do włosów

uscător de păr

Spray do włosów

fixator

Makijaż

machiaj

Pomadka

ruj

Lakier do paznokci

lac de unghii

Wata

vată

Nożyczki do paznokci

foarfece de unghii

Perfum

parfum

Kosmetyczka

neseser

Taboret

taburet

Waga

cântar

Szlafrok kąpielowy

halat de baie

Rękawice gumowe

mănuși de cauciuc

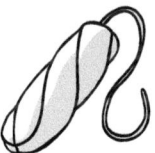

Tampon

tampon

Podpaska damska

tampon

Toaleta chemiczna

toaletă chimică

Pokój dziecięcy
camera copiilor

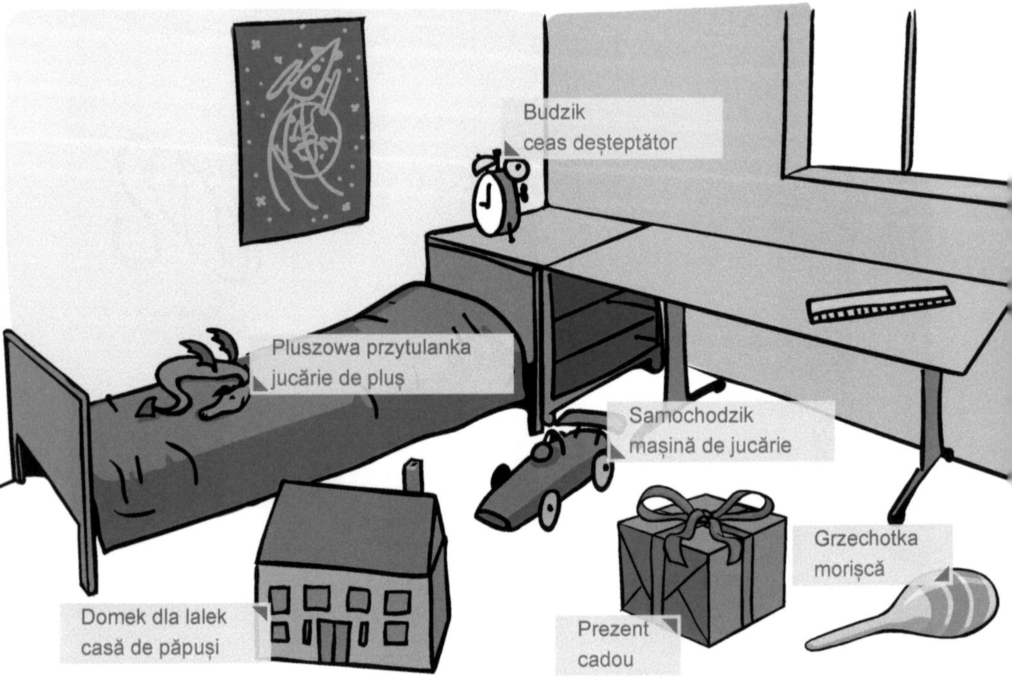
Budzik
ceas deșteptător
Pluszowa przytulanka
jucărie de pluș
Samochodzik
mașină de jucărie
Grzechotka
morișcă
Domek dla lalek
casă de păpuși
Prezent
cadou

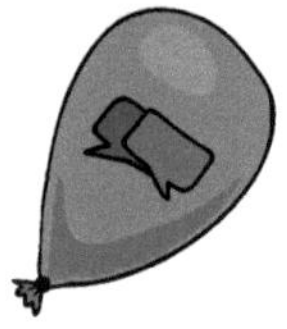

Balon

balon

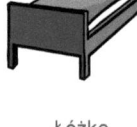

Łóżko

pat

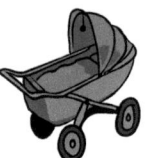

Wózek dziecięcy

cărucior de copii

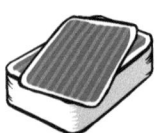

Gra w karty

joc de cărți

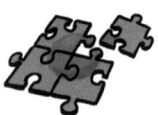

Puzzle

puzzle

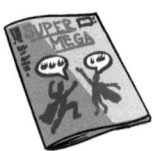

Komiks

revistă de benzi desenate

Klocki lego

cuburi lego

Klocki

piese pentru construcţii

Action figura

personaj din filmele de acţiune

Śpioszek dziecięcy

body

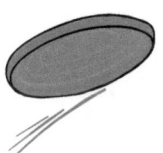

Frisbee

frisbee

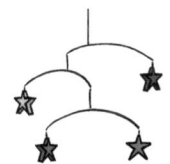

Zabawki ruchome

mobil

Gra planszowa

joc de societate

Kości

zar

Kolejka elektryczna

set trenuleţ de jucărie

Smoczek

suzetă

Przyjęcie

petrecere

Książka z ilustracjami

carte cu poze

Piłka

minge

Lalka

păpuşă

bawić się

a se juca

Piaskownica

groapă de nisip

Huśtawka

leagăn

Zabawki

jucării

Konsola do gier

consolă video

Rowerek trójkołowy

tricicletă

Pluszowy miś

ursuleț

Szafa ubraniowa

dulap

Ubiór

îmbrăcăminte

Skarpety

șosete

Pończochy

ciorapi

Rajstopy

dres

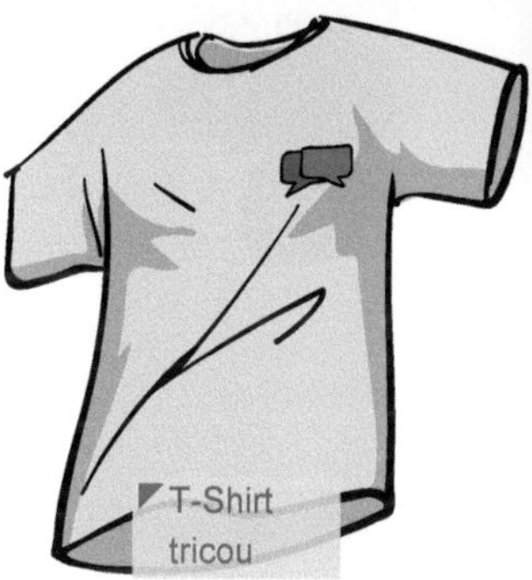

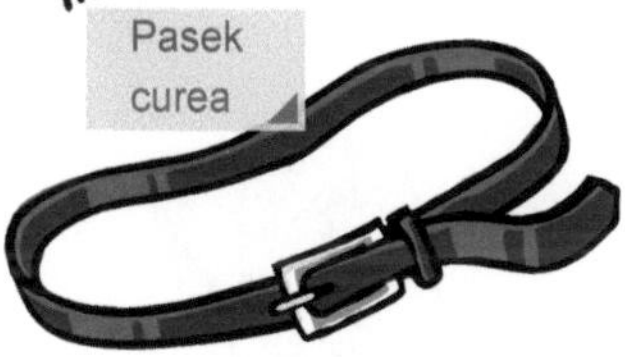

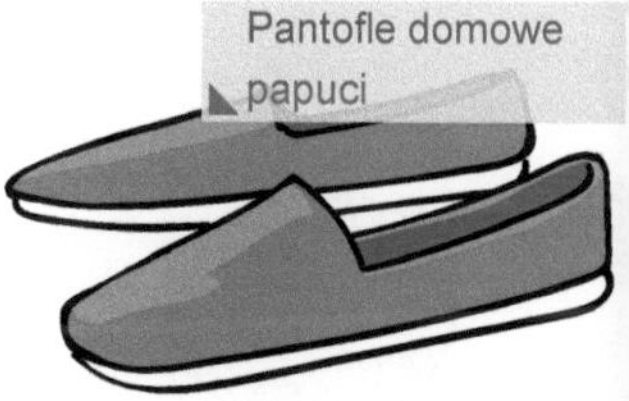

Szal
sal

Parasol
umbrelă

Pasek
curea

T-Shirt
tricou

Kozaki
cizme

Pantofle domowe
papuci

Obuwie sportowe
pantofi sport

Sandały
....
sandale

Buty
....
încălțăminte

Kalosze
....
cizme de cauciuc

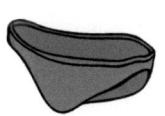

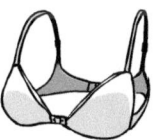

Majtki
....
chilot

Biustonosz
....
sutien

Podkoszulek
....
maiou

Body

body

Spodnie

pantaloni

Dżins

blugi

Spódnica

fustă

Bluzka

bluză

Koszula

cămașă

Pulower

pulover

Bluza sportowa

jerseu

Marynarka

sacou

Kurtka

jachetă

Płaszcz

palton

Płaszcz przeciwdeszczowy

pelerină de ploaie

Kostium

costum

Sukienka

rochie

Suknia ślubna

rochie de mireasă

Garnitur męski

costum

Koszula nocna

cămașă de noapte

Piżama

pijama

Sari

sari

Chusta na głowę

batic

Turban

turban

Burka

burka

Kaftan

caftan

Abaya

abaya

Strój kąpielowy

costum de baie

Kąpielówki

șort

Krótkie spodnie

pantaloni scurți

Dres sportowy

trening

Fartuch

șorț

Rękawiczki

mănuși

Guzik

nasture

Okulary

ochelari

Bransoletka

brățară

Łańcuszek

lanț

Pierścionek

inel

Kolczyk

cercel

Czapka

căciulă

Wieszak

umeraș

Kapelusz

pălărie

Krawat

cravată

Zamek błyskawiczny

fermoar

Kask

cască

Szelki

bretele

Mundurek szkolny

uniformă școlară

Mundur

uniformă

Śliniaczek

bavețică

Smoczek

suzetă

Pieluszka

scutec

Biuro
birou

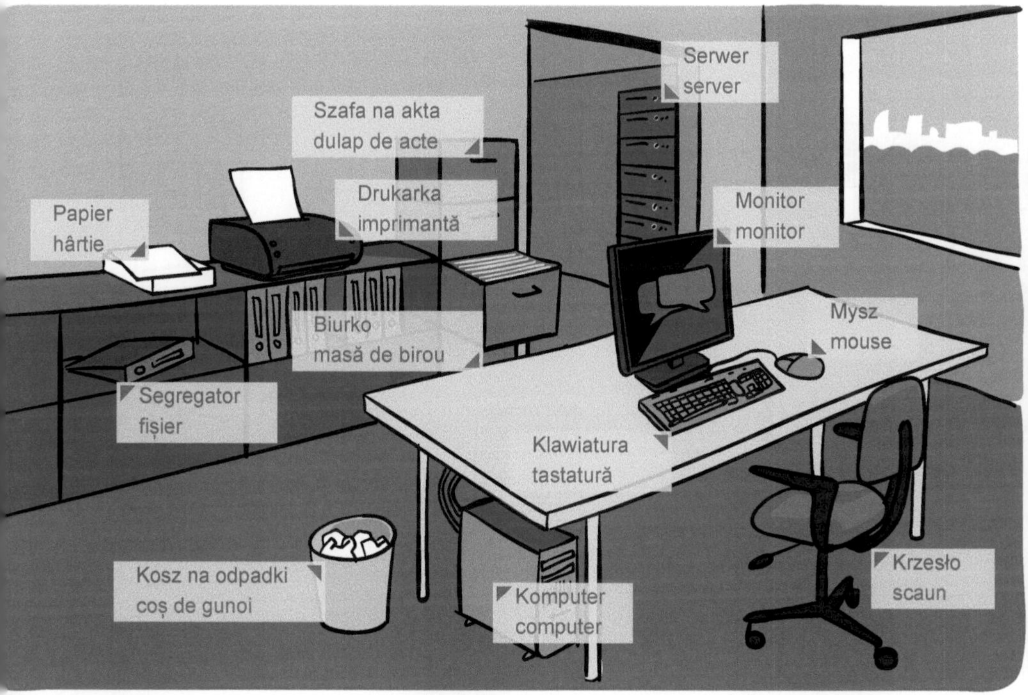

Serwer
server

Szafa na akta
dulap de acte

Drukarka
imprimantă

Monitor
monitor

Papier
hârtie

Biurko
masă de birou

Mysz
mouse

Segregator
fișier

Klawiatura
tastatură

Kosz na odpadki
coș de gunoi

Komputer
computer

Krzesło
scaun

Filiżanka do kawy

ceașcă de cafea

Kalkulator

calculator

Internet

internet

Laptop

laptop

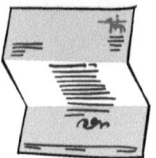

List

scrisoare

Wiadomość

mesaj

Komórka

telefon mobil

Sieć

reţea

Kopiarka

copiator

Oprogramowanie

software

Telefon

telefon

Gniazdko

priză

Faks

fax

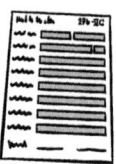

Formularz

formular

Dokument

document

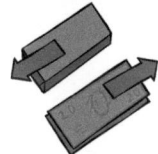

kupić

a cumpăra

płacić

a plăti

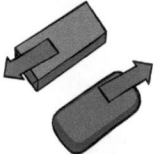

postępować

a face comerţ

Pieniądze

bani

Dolar

Dolar

Euro

Euro

Jen

Yen

Rubel

Rublă

Frank

Franc Elveţian

Juan Renminbi

renminbi yuan

Rupia

Rupie

Bankomat

bancomat

Kantor wymiany walut

casă de schimb valutar

Złoto

aur

Srebro

argint

Olej

petrol

Energia

energie

Cena

preț

Umowa

contract

Podatek

impozit

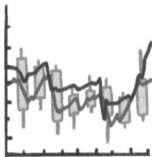

Akcja

acțiune

pracować

a munci

Pracownik umysłowy

angajat

Pracodawca

angajator

Fabryka

fabrică

Sklep

magazin

Zawody
ocupații

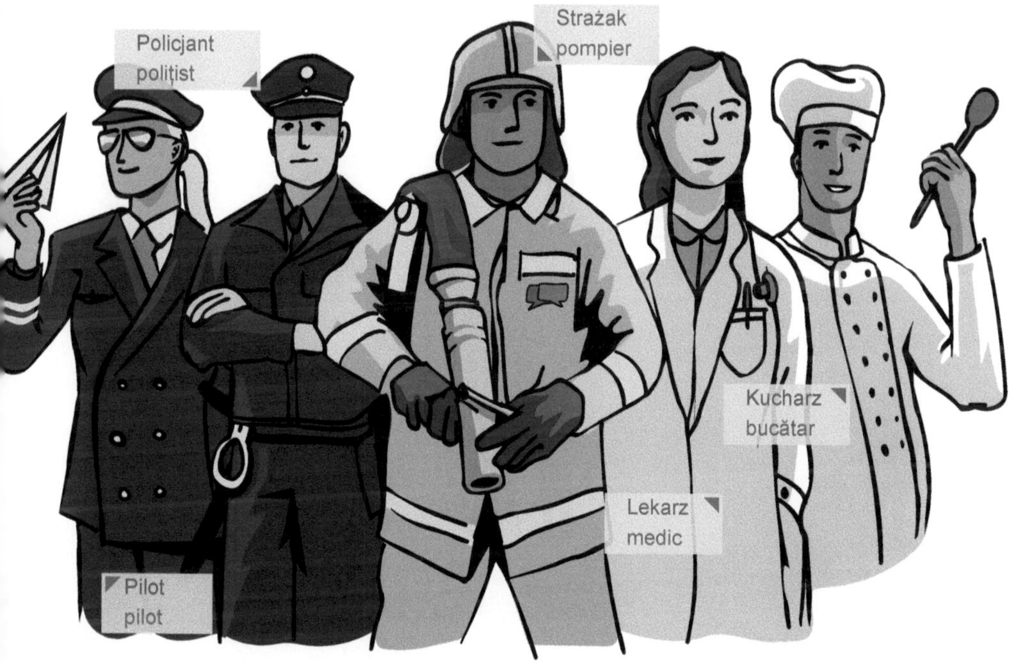

Policjant
polițist
Strażak
pompier
Kucharz
bucătar
Lekarz
medic
Pilot
pilot

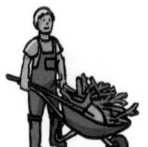

Ogrodnik

grădinar

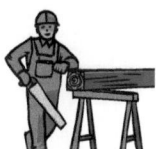

Stolarz

tâmplar

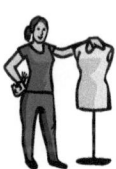

Krawcowa

cusătoreasă

Sędzia

judecător

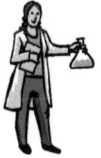

Chemik

chimist

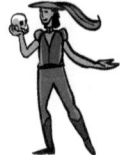

Aktor

actor

Kierowca autobusu

șofer de autobuz

Taksówkarz

șofer de taxi

Fischer

pescar

Sprzątaczka

femeie de serviciu

Dekarz

tinichigiu

Kelner

chelnăr

Myśliwy

vânător

Malarz

pictor

Piekarz

brutar

Elektryk

electrician

Robotnik budowlany

muncitor în construcții

Inżynier

inginer

Rzeźnik

măcelar

Instalator

instalator

Listonosz

poștaș

Żołnierz

soldat

Architekt

arhitect

Kasjer

casier

Florysta

florar

Fryzjer

frizer

Konduktor

controlor

Mechanik

mecanic

Kapitan

căpitan

Dentysta

stomatolog

Naukowiec

om de știință

Rabin

rabin

Imam

imam

Mnich

călugăr

Proboszcz

preot

Narzędzia
instrumente

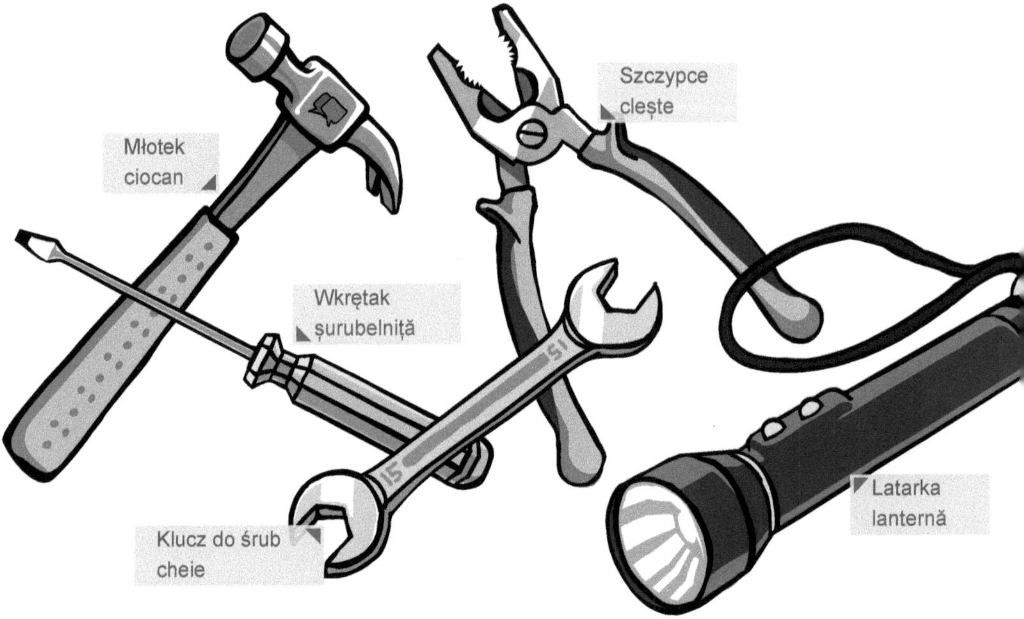

Młotek
ciocan
Szczypce
clește
Wkrętak
șurubelniță
Klucz do śrub
cheie
Latarka
lanternă

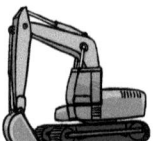

Koparka
excavator

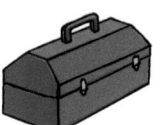

Skrzynka narzędziowa
cutie de scule

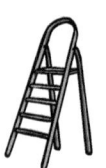

Drabina
scară

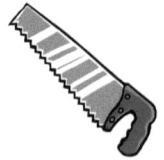

Piła
ferăstrău

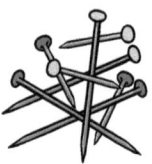

Gwoździe
cuie

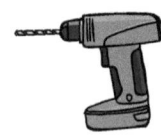

Wiertło
burghiu

naprawić

a repara

Łopatka

lopată

Cholera!

La naiba!

Szufelka

făraş

Puszka z farbą

vas pentru vopsea

Śruby

şuruburi

Instrumenty muzyczne
instrumente muzicale

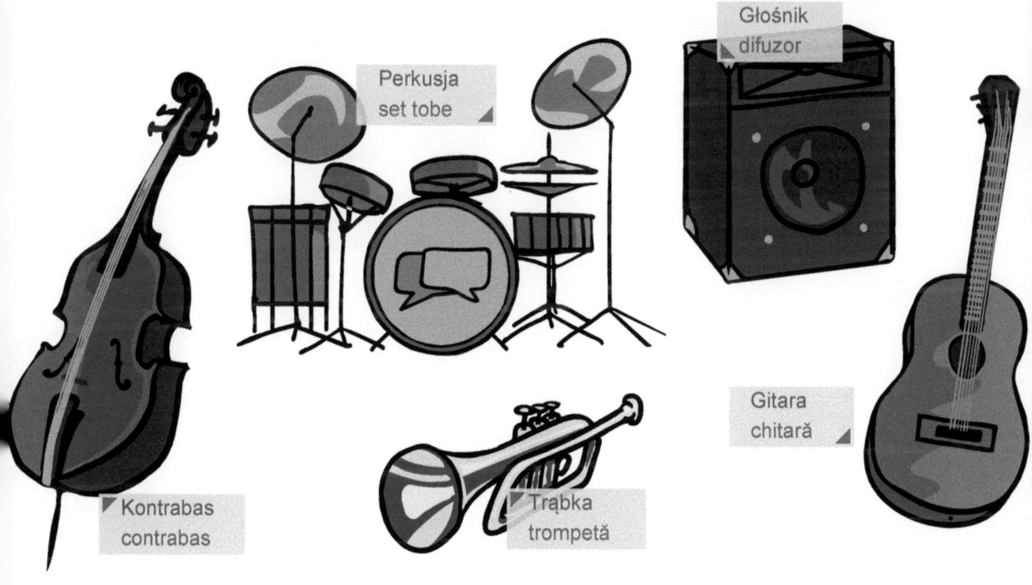

Perkusja
set tobe

Głośnik
difuzor

Gitara
chitară

Kontrabas
contrabas

Trąbka
trompetă

Pianino

pian

Skrzypce

vioară

Bas

bas

Kotły

trombon

Bęben

tobă

Keyboard

keyboard

Saksofon

saxofon

Flet

fluier

Mikrofon

microfon

Zoo
grădină zoologică

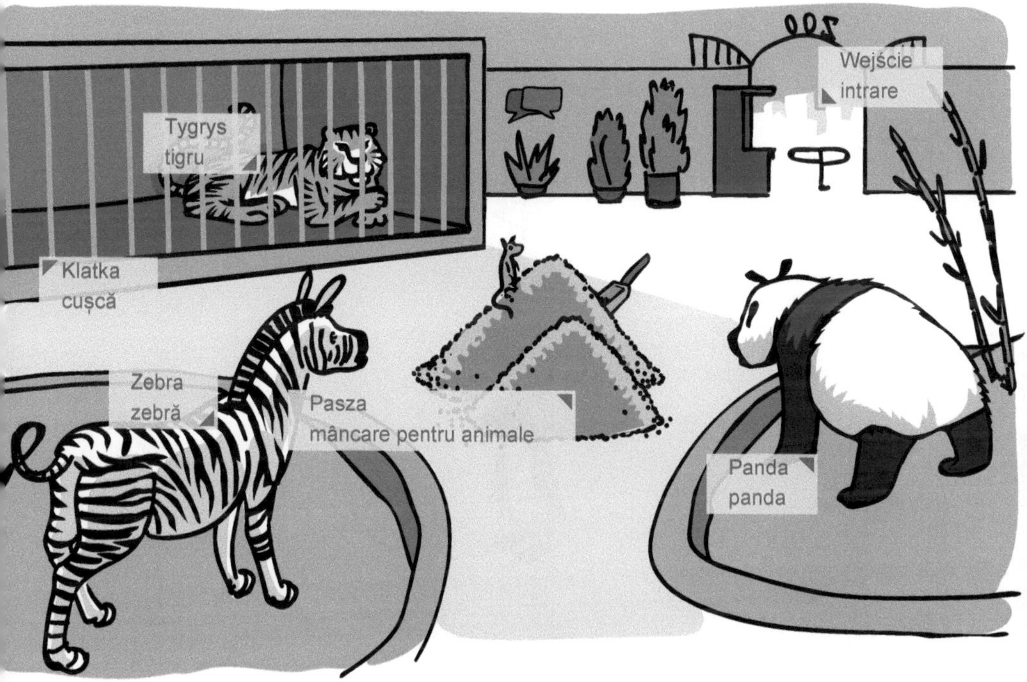
Tygrys
tigru
Wejście
intrare
Klatka
cușcă
Zebra
zebră
Pasza
mâncare pentru animale
Panda
panda

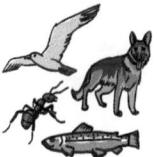

Zwierzęta

animale

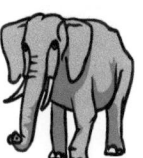

Słoń

elefant

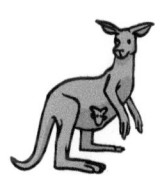

Kangur

cangur

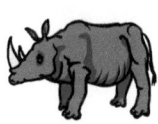

Nosorożec

rinocer

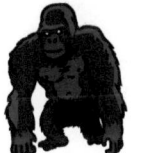

Goryl

gorilă

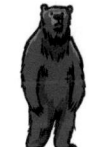

Niedźwiedź

urs

Wielbłąd

cămilă

Struś

struț

Lew

leu

Małpa

maimuță

Fleming

flamingo

Papuga

papagal

Niedźwiedź polarny

urs polar

Pingwin

pinguin

Rekin

rechin

Paw

păun

Wąż

șarpe

Krokodyl

crocodil

Dozorca w zoo

îngrijitor grădina zoologică

Foka

focă

Jaguar

jaguar

Zoo - grădină zoologică

Kucyk

ponei

Gepard

leopard

Hipopotam

hipopotam

Żyrafa

girafă

Orzeł

acvilă

Dzik

porc mistreț

Ryba

pește

Żółw

broască țestoasă

Mors

morsă

Lis

vulpe

Gazela

gazelă

Futbol amerykański
fotbal american

Kolarstwo
ciclism

Tenis
tenis

Koszykówka
basketball

Pływanie
înot

Boks
box

Hokej na lodzie
hockey pe gheață

Piłka nożna
fotbal

Badminton
badminton

Lekka atletyka
atletism

Piłka ręczna
handbal

Narciarstwo
schi

Polo
polo

Działania
activități

skakać
a sări
objąć
a îmbrățișa
śmiać się
a râde
iść
a merge
śpiewać
a cânta
marzyć
a visa
modlić się
a se ruga
całować
a săruta

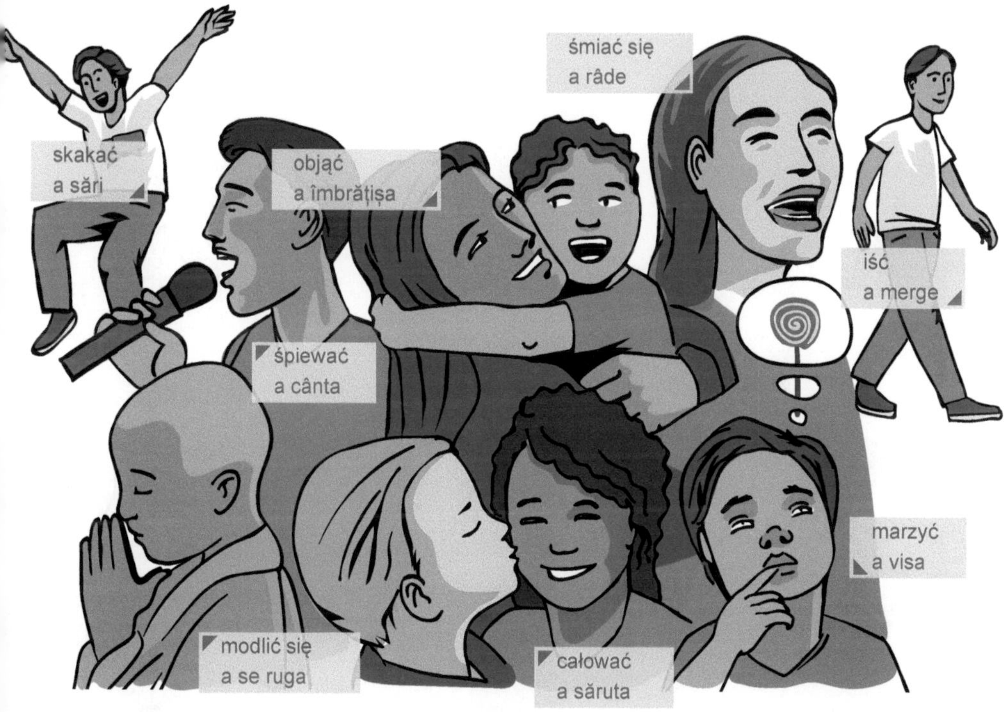

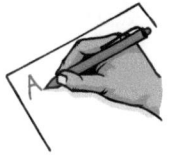

pisać
....
a scrie

rysować
....
a desena

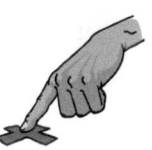

pokazywać
....
a arăta

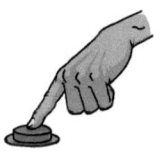

nacisnąć
....
a împinge

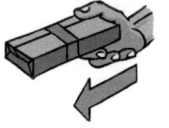

dać
....
a da

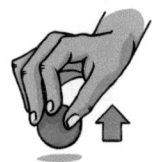

wziąć
....
a lua

mieć

a avea

robić

a face

być

a fi

stać

a sta în picioare

biegać

a fugi

ciągnąć

a trage

rzucać

a arunca

spaść

a cădea

leżeć

a sta întins

czekać

a aștepta

nosić

a purta

siedzieć

a ședea

zakładać

a se îmbrăca

spać

a dormi

budzić się

a se trezi

spojrzeć

a privi

płakać

a plânge

głaskać

a mângâia

czesać się

a se pieptăna

mówić

a vorbi

rozumieć

a înțelege

pytać

a întreba

słyszeć

a asculta

pić

a bea

jeść

a mânca

sprzątać

a face ordine

kochać

a iubi

gotować

a găti

jechać

a conduce

latać

a zbura

żeglować
a naviga

liczyć
a calcula

czytać
a citi

uczyć się
a învăța

pracować
a munci

wejść w związek małżeński
a se căsători

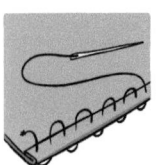

szyć
a coase

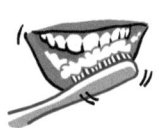

myć zęby
a se spăla pe dinți

zabić
a ucide

palić tytoń
a fuma

wysłać
a trimite

Rodzina
familie

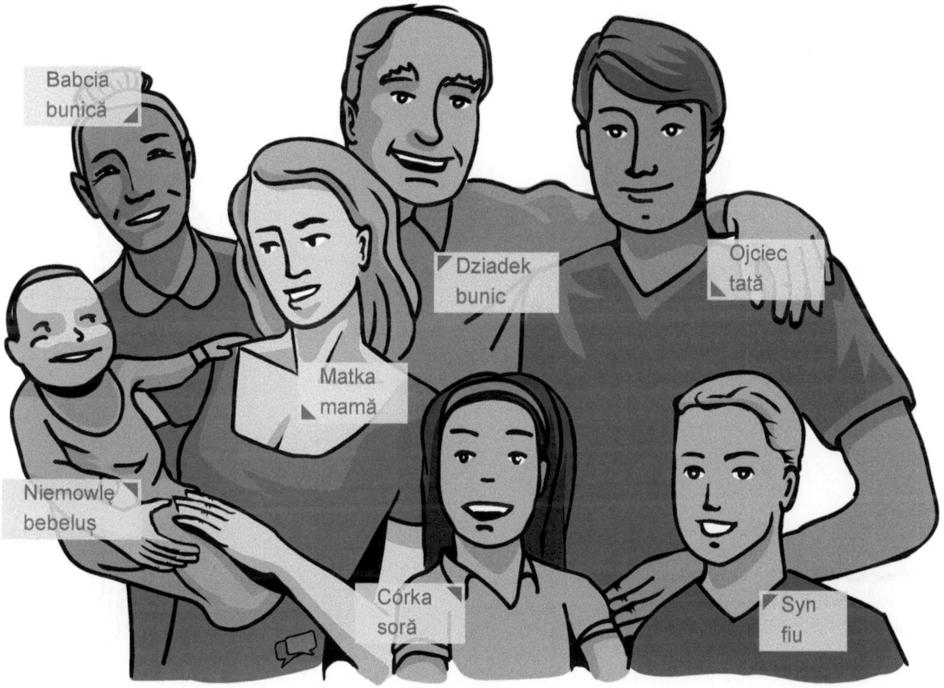

Babcia
bunică
Dziadek
bunic
Ojciec
tată
Matka
mamă
Niemowlę
bebeluș
Córka
soră
Syn
fiu

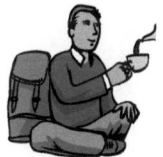

Gość

oaspete

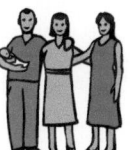

Ciotka

mătușă

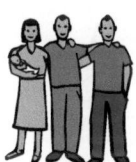

Wujek

unchi

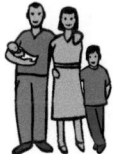

Brat

frate

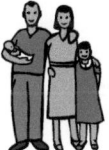

Siostra

soră

Ciało

corp

Czoło
frunte
Oko
ochi
Ramię
umăr
Palec
deget
Twarz
față
Broda
bărbie
Ręka
mână
Noga
picior
Pierś
piept
Ramię
braț

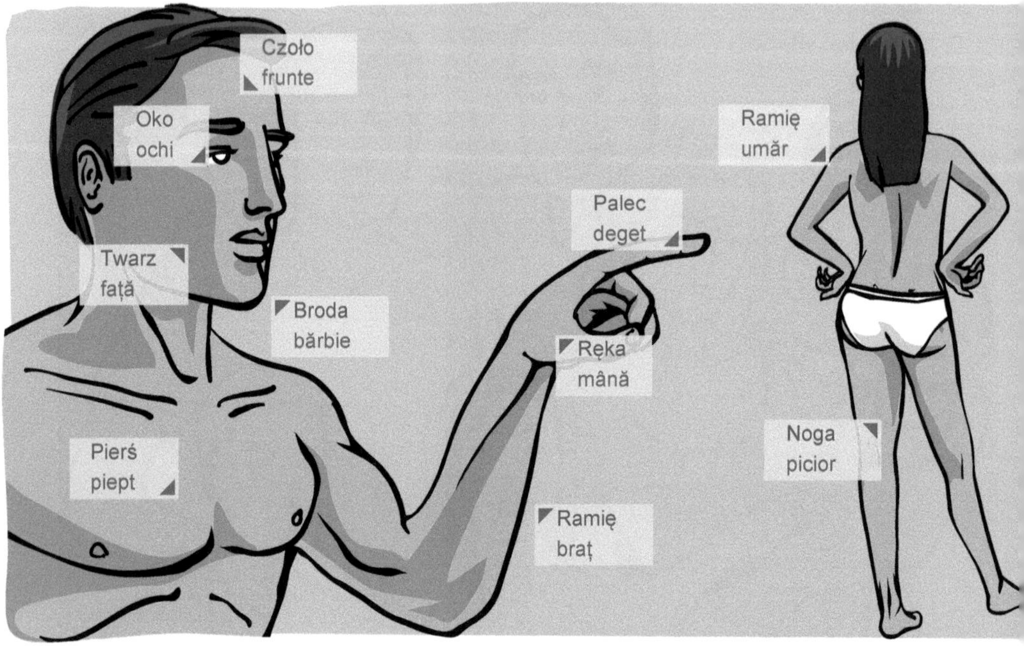

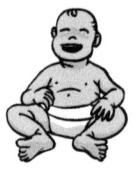

Niemowlę

bebeluș

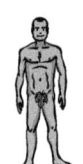

Mężczyzna

bărbat

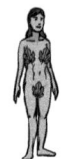

Kobieta

femeie

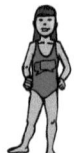

Dziewczyna

fată

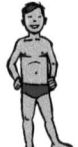

Chłopiec

băiat

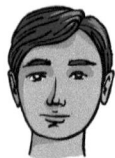

Głowa

cap

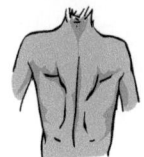

Plecy

spate

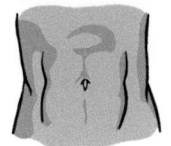

Brzuch

abdomen

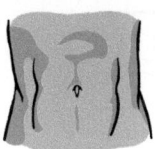

Pępek

ombilic

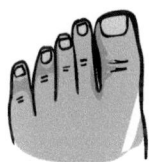

palec nogi

deget de la picior

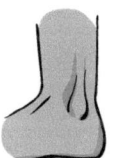

Pięta

călcâi

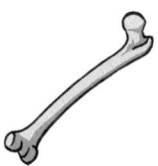

Kość

os

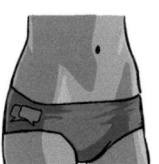

Biodro

șold

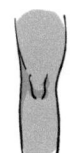

Kolano

genunchi

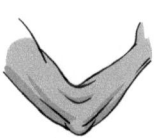

Łokieć

cot

Nos

nas

Pośladki

fund

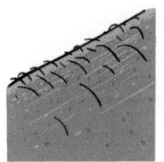

Skóra

piele

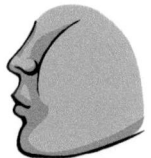

Policzek

obraz

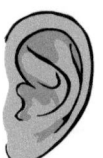

Uszy

ureche

Warga

buză

Usta

gură

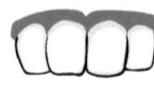

Ząb

dinte

Język

limbă

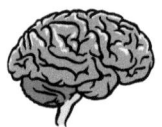

Mózg

creier

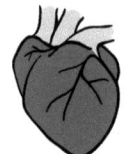

Serce

inimă

Mięsień

muşchi

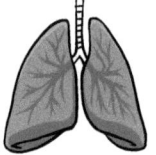

Płuca

plămân

Wątroba

ficat

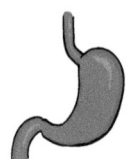

Żołądek

stomac

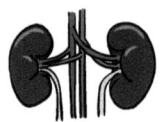

Nerki

rinichi

Stosunek płciowy

sex

Kondom

prezervativ

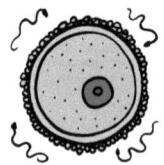

Komórka jajowa

ovul

Sperma

spermă

Ciąża

sarcină

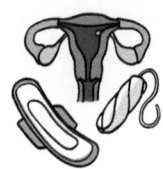

Menstruacja

menstruație

Wagina

vagin

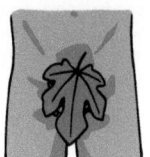

Penis

penis

Brew

sprânceană

Włosy

păr

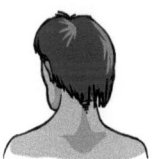

Szyja

gât

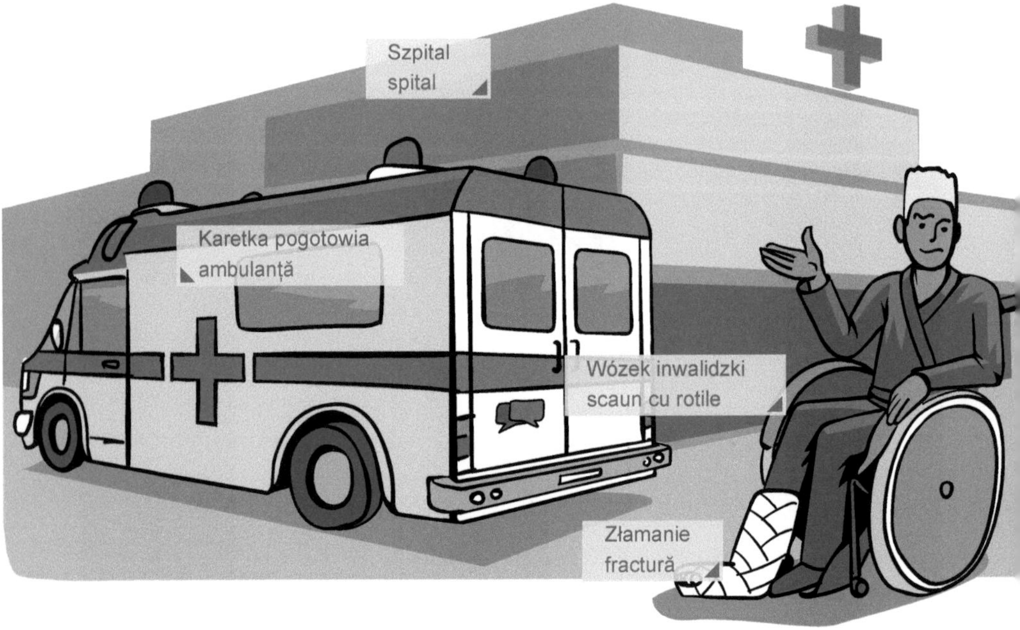

Szpital
spital

Karetka pogotowia
ambulanță

Wózek inwalidzki
scaun cu rotile

Złamanie
fractură

Lekarz

medic

Izba przyjęć

unitate de primiri urgențe

Pielęgniarka

soră medicală

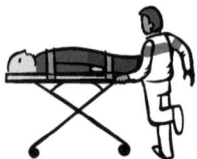

Nagły przypadek

urgență

nieprzytomny

inconștient

Ból

durere

Skaleczenie

leziune

Krwawienie

sângerare

Zawał serca

infarct miocardic

Udar mózgu

atac cerebral

Alergia

alergie

Kaszleć

tuse

Gorączka

febră

Grypa

gripă

Biegunka

diaree

Ból głowy

durere de cap

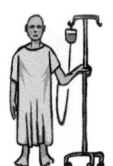

Rak

cancer

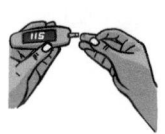

Cukrzyca

diabet

Chirurg

chirurg

Skalpel

scalpel

Operacja

operație

CT
CT

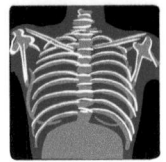

Rentgen
raze Röntgen

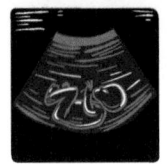

Ultradźwięki
ultrasunet

Maska
mască

Choroba
boală

Poczekalnia
sală de așteptare

Kula
cârjă

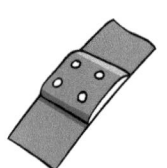

Plaster
plasture

Opatrunek
bandaj

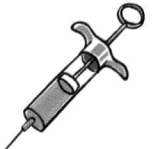

Iniekcja
injecție

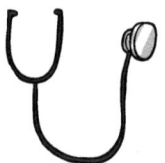

Stetoskop
stetoscop

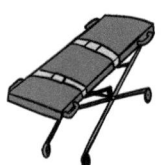

Nosze
targă

Termometr
termometru

Poród
naștere

Nadwaga
supraponderabilitate

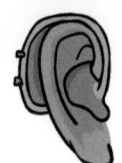

Aparat słuchowy

aparat auditiv

Środek dezynfekcyjny

dezinfectant

Infekcja

infecție

Wirus

virus

HIV / AIDS

HIV/SIDA

Medycyna

medicină

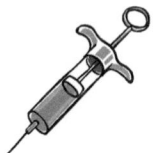

Szczepienie

vaccin

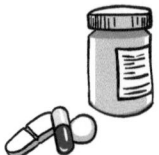

Tabletki

tablete

Pigułka

pastilă

Telefon ratunkowy

apel de urgență

Ciśnieniomierz krwi

aparat de măsurare a presiunii arteriale

chory / zdrowy

bolnav/sănătos

Pomocy!

Ajutor!

Alarm

alarmă

Napad

agresiune

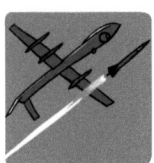

Atak

atac

Niebezpieczeństwo

pericol

Wyjście awaryjne

ieșire de urgență

Pożar!

Foc!

Gaśnica

extinctor

Wypadek

accident

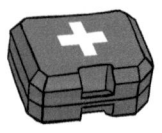

Walizeczka pierwszej pomocy

trusă de prim-ajutor

SOS

SOS

Policja

poliție

Europa

Europa

Ameryka Północna

America de Nord

Ameryka Południowa

America de Sud

Afryka

Africa

Azja

Asia

Australia

Australia

Atlantyk

Altantic

Pacyfik

Pacific

Ocean Indyjski

Oceanul Indian

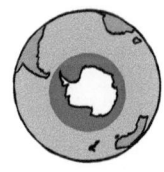

Ocean Antarktyczny

Oceanul Antarctic

Ocean Arktyczny

Oceanul Arctic

Biegun północny

Polul Nord

Biegun południowy

Polul Sud

Antarktyda

Antarctica

Ziemia

pământ

Kraj

țară

Morze

mare

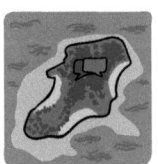

Wyspa

insulă

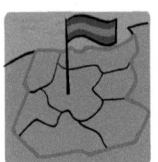

Naród

națiune

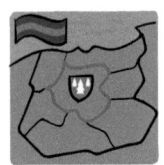

Państwo

stat

Cyferblat

cadran

Wskazówka godzinowa

orar

Wskazówka minutowa

minutar

Wskazówka sekundowa

secundar

Która godzina?

Cât e ceasul?

Dzień

zi

Czas

timp

teraz

acum

Zegarek digitalny

cead digital

Minuta

minut

Godzina

oră

Tydzień
săptămână

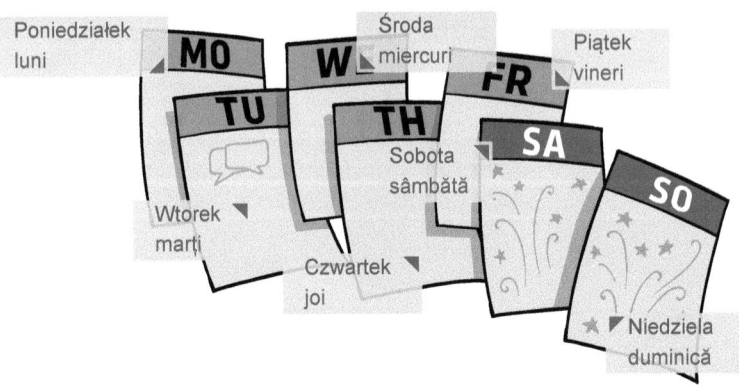

Poniedziałek
luni

Środa
miercuri

Piątek
vineri

Wtorek
marți

Sobota
sâmbătă

Czwartek
joi

Niedziela
duminică

wczoraj

ieri

dzisiaj

azi

jutro

mâine

Rano

dimineață

Południe

amiază

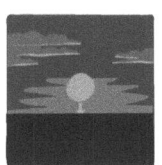

Wieczór

seară

MO	TU	WE	TH	FR	SA	SU
1	2	3	4	5	6	7
8	9	10	11	12	13	14
15	16	17	18	19	20	21
22	23	24	25	26	27	28
29	30	31	1	2	3	4

Dni robocze

zile lucrătoare

MO	TU	WE	TH	FR	SA	SU
1	2	3	4	5	6	7
8	9	10	11	12	13	14
15	16	17	18	19	20	21
22	23	24	25	26	27	28
29	30	31	1	2	3	4

Weekend

week-end

Rok

an

Deszcz
ploaie
Tęcza
curcubeu
Śnieg
zăpadă
Wiatr
vânt
Wiosna
primăvară
Jesień
toamnă
Lato
vară
Zima
iarnă

4.APRIL 11°
5.APRIL 4°
6.APRIL 13°
7.APRIL 8°
8.APRIL 10°

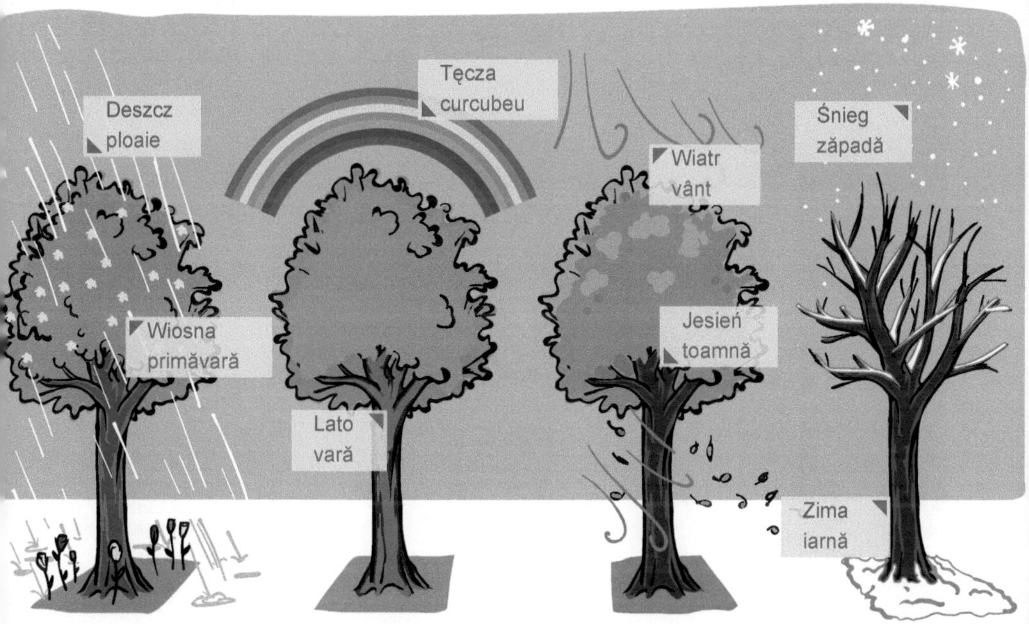

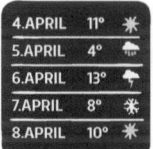

Prognoza pogody

prognoză meteo

F C
120 40
90 30
60 20
30 10
0 0
-30 -10
-20

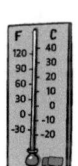

Termometr

termometru

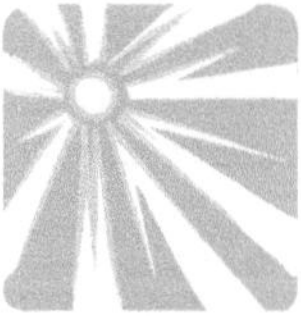

Światło słoneczne

lumina soarelui

Chmura

nor

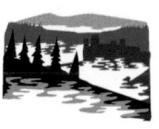

Mgła

ceață

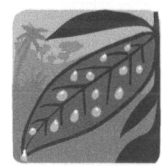

Wilgotność powietrza

umiditate a aerului

Błyskawica

fulger

Grzmot

tunet

Sztorm

furtună

Grad

grindină

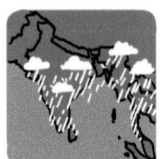

Monsun

muson

Potop

inundație

Lód

gheață

Styczeń

ianuarie

Luty

februarie

Marzec

martie

Kwiecień

aprilie

Maj

mai

Czerwiec

iunie

Lipiec

iulie

Sierpień

august

Wrzesień
....
septembrie

Październik
....
octombrie

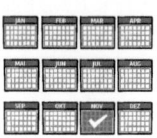

Listopad
....
noiembrie

Grudzień
....
decembrie

Kształty
forme

Koło
....
cerc

Kwadrat
....
pătrat

Prostokąt
....
dreptunghi

Trójkąt
....
triunghi

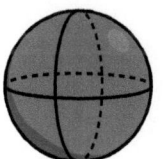

Kula
....
sferă

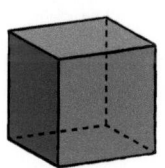

Sześcian
....
cub

Kolory
culori

biały
....
alb

żółty
....
galben

pomarańczowy
....
portocaliu

różowy
....
roz

czerwony
....
roșu

liliowy
....
violet

niebieski
....
albastru

zielony
....
verde

brązowy
....
maro

szary
....
gri

czarny
....
negru

dużo / mało

mult/puțin

wściekły / spokojny

furios/calm

piękny / brzydki

frumos/urât

początek / koniec

început/sfârșit

duży / mały

mare/mic

jasny / ciemny

luminos/întunecat

brat / siostra

frate/soră

czysty / brudny

curat/murdar

kompletny / niekompletny

complet/incomplet

dzień / noc

zi/noapte

umarły / żywy

mort/viu

szeroki / wąski

lat/strâmt

jadalny / niejadalny

comestibil/necomestibil

zły / uprzejmy

rău/prietenos

podniecony / znudzony

emoționat/plictisit

gruby / chudy

gras/slab

najpierw / na końcu

primul/ultimul

przyjaciel / wróg

prieten/inamic

pełen / pusty

plin/gol

twardy / miękki

tare/moale

ciężki / lekki

greu/ușor

głód / pragnienie

foame/sete

chory / zdrowy

bolnav/sănătos

nielegalny / legalny

ilegal/legal

inteligentny / głupi

inteligent/stupid

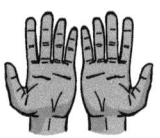

lewo / prawo

stânga/drepta

bliski / daleki

aproape/departe

nowy / używany

nou/uzat

nic / coś

nimic/ceva

stary / młody

bătrân/tânăr

włącz / wyłącz

pornit/oprit

otwarty / zamknięty

deschis/închis

cichy / głośny

încet/tare

bogaty / biedny

bogat/sărac

prawidłowy / błędny

corect/fals

chropowaty / gładki

aspru/neted

smutny / szczęśliwy

trist/fericit

krótki / długi

lung/scurt

powolny / szybki

încet/repede

mokry/suchy

ud/uscat

ciepły / chłodny

cald/rece

wojna / pokój

război/pace

cifre

0

zero

zero

1

jeden

unu

2

dwa

doi

3

trzy

trei

4

cztery

patru

5

pięć

cinci

6

sześć

șase

7

siedem

șapte

8

osiem

opt

9

dziewięć

nouă

10

dziesięć

zece

11

jedenaście

unsprezece

12

dwanaście

douăsprezece

13

trzynaście

treisprezece

14

czternaście

paisprezece

15

piętnaście

cincisprezece

16

szesnaście

șaisprezece

17

siedemnaście

șaptesprezece

18

osiemnaście

optsprezece

19

dziewiętnaście

nouăsprezece

20

dwadzieścia

douăzeci

100

sto

o sută

1.000

tysiąc

o mie

1.000.000

milion

un milion

Angielski

engleză

Angielski amerykański

engleză americană

Chiński mandaryński

chineza mandarină

Hindi

hindi

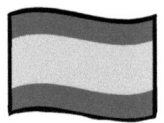

Hiszpański

spaniolă

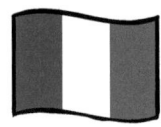

Francuski

franceză

Arabski

arabă

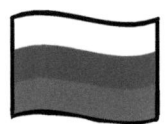

Rosyjski

rusă

Portugalski

protugheză

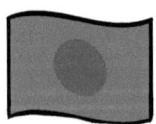

Bengalski

bengaleză

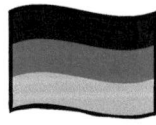

Niemiecki

germană

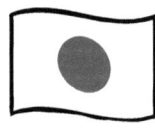

Japoński

japoneză

ja
eu

ty
tu

on / ona / ono
el/ea

my
noi

wy
voi

oni
ea

kto?
cine?

co?
ce?

jak?
cum?

gdzie?
unde?

kiedy?
când?

Nazwisko
nume

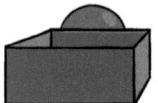

za

în spate

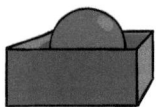

w

în

przed

înainte

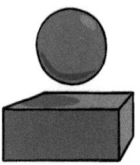

powyżej

peste

na

pe

pod

sub

obok

lângă

między

între

Miejsce

loc